PARIS, Ve CASTERMAN, rue Bonaparte, 66. — 1873.

RESTAURATION FRANÇAISE

PAR M. A. BLANC DE SAINT-BONNET

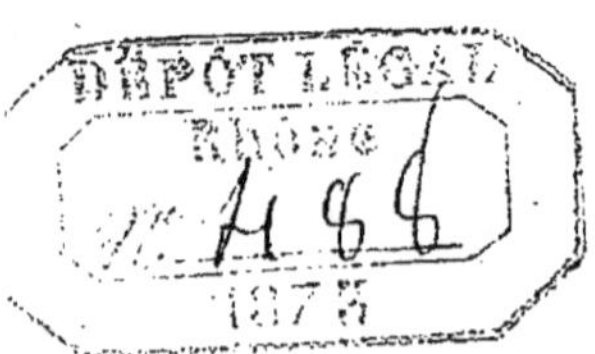

DEUXIÈME ÉDITION

1er juillet 1873.

Voici un livre que M. de Montalembert saluait, il y a vingt ans, comme le livre « le plus franc, le plus fort et le plus plein qui eût paru depuis le comte de Maistre, » et qu'un autre critique appelait « la plus importante production de la littérature catholique depuis l'*Essai sur l'Indifférence*. » A son apparition sur la scène politique, tout le monde, monarchistes et socialistes, athées et chrétiens, lui a rendu son hommage. « Cette étude, a dit un défenseur fidèle de la légitimité, est l'exposition la plus profonde qu'on ait encore vue de notre société présente ; elle redescend aux bases les plus intimes de la construction de ce monde ; et en même temps, c'est un livre de circonstance, un livre d'aujourd'hui et un livre de l'avenir. » Suivant l'image pittoresque d'un philosophe éminent, « c'est un volcan d'idées. » — « C'est un ouvrage vigoureusement écrit, poursuit M. Pelletan en personne, par un penseur habitué à porter son âme en pleine nature ; chaque page y respire un agreste parfum de sincérité. On voit qu'elle a été méditée devant Dieu et à la chaleur de son soleil ; le style est profondément original ; il a constamment de ces mouvements impétueux, vrais drames de l'expression, qui vont non-seulement parler à l'âme, mais encore l'ébranler. »

Qu'un tel ouvrage, classé dès le début, en 1851, à la suite et sur le rang des chefs-d'œuvre des de Maistre et des Lamennais, ait été recherché par un éditeur intelligent, à l'heure du cataclysme inouï de 1870, comme une prophétie en face de l'événement, il n'y a rien là qui ait droit de surprendre. Mais pour combien de nos jeunes contemporains, catholiques et penseurs, la *Restauration française* et son auteur sont-ils parfaitement inconnus ? Et même parmi les spectateurs honnêtes et religieux de la révolution dont le livre de M. de Saint-Bonnet est sorti, et de la révolution nouvelle qu'il eût prévenue, si on l'eût écouté, combien pour qui la réimpression de la librairie Casterman sera une véritable révélation ! Puisqu'il s'agit d'une œuvre importante, inconnue du grand nombre, que les lecteurs veuillent me permettre plus de développements que n'en obtiennent la plupart des publications courantes.

I

Je voudrais d'abord placer M. de Saint-Bonnet au milieu de ses pairs et son œuvre à son rang parmi leurs œuvres qui ne sont guère moins oubliées. Les grands écrivains dont nous venons d'entendre parler à son propos, ont-ils des lecteurs, à l'heure qu'il est? Et d'où vient qu'il ne s'est point encore rencontré d'éditeur, pour prendre dans leurs ouvrages ce qui touche à la politique contemporaine, ou plutôt à la politique de tous les temps, et pour le vulgariser dans une collection populaire?

Oubli singulier et digne de réflexion! Au travers des longues péripéties de la Révolution française, Dieu n'a point laissé les hommes de bonne volonté sans inspirateurs et sans guides. A chaque halte du fléau social, se relaie et se tend la main une suite de philosophes religieux, ou, si vous aimez mieux, de prophètes, et je ne suis pas le premier à leur donner ce nom, tant la lumière divine qu'ils interrogent dans leur foi profonde, se mêle intimement à la vérité politique, objet de leur étude, pour leur découvrir le jeu des éléments constitutifs de la société, et par suite le retour inévitable des grands événements ou des crises de l'humanité! Pourquoi donc ces penseurs religieux, dont le génie a pénétré au cœur même des choses, se voient-ils délaissés de nos générations légères et inconsistantes ? L'état de la France a-t-il donc tant changé, qu'il faille chercher ailleurs des principes et des expédients ? Non. Quand on observe la marche du tourbillon révolutionnaire, on voit que chacune de ses spirales gigantesques ramène le pays sur l'axe même de son point de départ. Le tranchant destructeur entame sans doute, plus près du cœur chaque fois, les ressorts et les fibres de la société ; mais à chaque étape, 1815, 1830, 1848, 1870, c'est le système tout entier de l'organisation publique qu'il faut dégager de ses ruines. Pourquoi donc la pensée ne nous vient-elle pas de recourir aux témoins des premiers effondrements, de reprendre en mains leurs tableaux, où l'expression toute vive du passé est indissolublement attachée à la vérité essentielle de tous les temps ?

C'était en 1796, lorsque le fleuve de sang qui avait débordé sur la France rentrait à peine dans son lit, que le comte de Maistre traçait, du fond de Saint-Pétersbourg, ses *Considérations* sur notre malheureuse patrie. Quand, vingt ans plus tard, il en donnait une seconde édition à Paris, des libéraux, des chrétiens peut-être, en voyant le monstre une première fois dompté par la main du despotisme, suivre les Bourbons à Notre-Dame, n'ont-ils pas taxé d'exagération le titre si connu de l'illustre auteur : *Du caractère satanique de la Révolution ?* Si la lutte de la presse à toutes les époques, si le sac de l'archevêché en 1831, si la tyrannie universitaire sous le régime de Juillet, si la guerre d'Italie sous le dernier Empire, si toutes ces choses furent impuissantes à leur dessiller les yeux, il ne s'est agi que d'attendre ; les survivants ont pu contempler, en mai 1871, une reproduction des massacres de septembre 1792, et sous leurs propres yeux, la Roquette a rivalisé d'horreur avec l'affreux souvenir des Carmes. Combien de fois n'a-t-on pas crié au moyen-âge, quand la nerveuse logique du puissant écrivain démontrait la nécessité de l'action providentielle des traditions et du temps, pour consacrer aux âges futurs les institutions d'un pays ? Que lui répondre aujourd'hui, en présence de l'écrasement successif de tous les pouvoirs improvisés, de toutes les chartes forgées de main d'hommes pendant ces quatre-vingts dernières années ?

Après les pages vives et fortes du grand philosophe de la Savoie, ouvrez l'écrit plus didactique et non moins substantiel que son ami le vicomte de Bonald publiait en 1802, sous ce nom : la *Législation primitive*. L'ancien émigré français ramène à son principe qui est Dieu, et à la famille qui est son élément, toute la théorie naturelle de la société ; il tire de ces deux choses primordiales la loi du Pouvoir, qui doit être nécessairement un et perpétuel, pour mériter son nom. Or, dites-moi, ne vous semble-t-il pas acquis, par l'expérience du contraire, que toute atteinte à l'unité du pouvoir, que toute brèche à sa perpétuité est, comme le prédisait déjà de son temps Bossuet, le devancier et le maître de ces hommes de génie, *un attentat contre la nature*, qui se cabre à son tour contre ses violateurs, et met bien vite à néant leur usurpation ? Nous l'avons assez vu, on ne transforme pas l'humanité comme une plante qu'on enferme dans une serre et qu'on soumet à la tyrannie de la culture. Aux hommes malavisés qui voudraient faire une nouvelle expérience de haute physiologie sur notre nation, opposons notre témoignage, nous, génération présente, car nous l'avons contemplé de nos yeux, les rameaux détachés du tronc ne prennent pas racine sur la terre de France, et le sol répudie de lui-même toute tige étrangère.

Si M. de Maistre et M. de Bonald crurent à la réalisation complète de leurs vœux, lorsque la Providence eut ramené sur le trône la dynastie légitime, leur illusion dut être de peu de durée. Le libéralisme révolutionnaire exerça sa pression sur les conseils des frères du roi-martyr. La censure, impitoyable pour les rivaux du ministère de chaque jour, laissait s'échapper des presses de Paris des millions de volumes de Voltaire et de Rousseau, et rouvrait ainsi toutes les veines du corps social à cette sanie qui l'avait une première fois empoisonné. De fatales concessions amenaient la main qui délivrait Athènes et Alger du joug du Croissant, à renouveler le premier article de 1682 et à signer les ordonnances de 1828 contre l'enseignement religieux. Les deux athlètes de la vérité ne cessèrent de faire entendre leurs douloureuses protestations, l'un dans des discours célèbres à la Chambre des pairs, l'autre dans ses deux livres immortels : *Du Pape* et *De l'Eglise gallicane*, dont un demi-siècle n'a pas encore épuisé la doctrine théologique et la portée sociale. Mais leurs accents, trop relevés et trop dignes, se perdaient dans la tempête. Une autre parole vint s'y joindre, à laquelle fut donnée d'en-haut la puissance de l'airain, pour galvaniser, s'il était possible, le siècle mourant d'indifférence. Lamennais, catholique et prêtre encore, lançait dans la mêlée des partis et soutenait devant les cours d'assises son grand écrit : *De la Religion considérée dans ses rapports avec l'ordre civil et politique*. Il y faisait toucher au doigt cet axiome si méconnu, que l'ordre politique repose, depuis Jésus-Christ, sur la religion complète, c'est-à-dire sur l'Eglise catholique et sur le Pontife romain ; que, sans cela, il mérite tout au plus le nom d'ordre matériel et de politique païenne, et qu'il n'est alors que le produit de la force brutale ou l'assemblage momentané d'une poussière sans ciment. N'est-ce point là la clef de l'impuissance de tous les gouvernements qui se sont succédé dans notre siècle, et dont le premier craquement, avant-coureur de la chute, a daté de leur scission avec l'Eglise romaine ?

L'année 1848 vit, comme l'année 1830, passer la justice de Dieu ; toutefois il y eut une différence, c'est que le libéralisme se trouva, pour la première fois, en 1848, en face de son fils légitime, le socialisme, et qu'il recula d'épouvante. Ce qui n'avait été, après le coup de main de Juillet 1830, qu'une aspiration poétique se traduisant en un mysticisme bizarre, couvrait le sol, après Février 1848, d'une forêt de sectes armées et perturbatrices de l'ordre public. La vérité se suscita encore, à cette seconde époque, des témoins dignes d'elle et de leurs devanciers. Celui dont nous parlerons le premier devra cette préséance à la mort qui nous l'a dérobé depuis longtemps, plutôt qu'à l'ordre chronologique de ses écrits. Un Espagnol, orateur de génie, libéral converti, honnête homme devenu catholique par les affinités de son cœur avec la vertu chrétienne, se prit à contempler sur les barricades de Paris l'œuvre ensanglantée et en lambeaux de ses confrères, les libéraux prétendus conservateurs. Qui ne connaît au moins de nom l'*Essai sur le catholicisme*, le *libéralisme* et le *socialisme*, que publiait en 1851, Donoso Cortès, marquis de Valdegamas, ambassadeur de la reine Isabelle en France ?

Mais avant même cette époque, dès 1849, un autre esprit éminent, s'élevant des hauteurs de la philosophie catholique, qu'il avait toujours habitées, apportait aussi sa part à ce grand enseignement de politique chrétienne. Là se trouvait déjà démontrée et mise dans le plus éclatant relief cette première vérité : qu'il n'y a en réalité que deux doctrines sérieuses qui se disputent l'empire du monde. L'une procède du Dieu créateur, de l'homme déchu, du Christ rédempteur, des Pontifes ses vicaires, promoteurs de la sainteté et adversaires irréconciliables du mal ; et cette première doctrine conduit ses disciples, par l'autorité morale qui règne sur leur conscience, à la véritable liberté. L'autre, partie du néant des athées, divinise l'homme et ses passions, et fait la guerre au Christ et à son Eglise, et, par la destruction de leur bienfaisant empire, elle introduit dans les Etats l'anarchie, la confiscation universelle et le plus épouvantable despotisme de la société sur ses membres. Quant à l'entreprise des libéraux modernes qui s'imaginent pouvoir interposer entre ces deux antagonistes un rationalisme pâle bien que décent, lequel accouplerait ensemble la divinité des déistes et le dogme de la perfection originelle, ce tiers-parti, si mitigé qu'il soit, érigeant en loi la souveraineté populaire, sans aucun contrepoids moral, ouvre évidemment les écluses de la société aux flots ineptes et impurs du socialisme. Les événements postérieurs, comme ceux qui avaient précédé, jettent un jour lumineux sur les démonstrations théoriques de l'éloquent écrivain. Chaque fois que le monde aux abois pousse un cri de désespoir, c'est lorsque les gouvernements, s'éloignant de l'Eglise, donnent les clefs du pouvoir au libéralisme, qui les jette aussitôt à la démagogie. N'en sommes-nous pas encore là pour le moment ? Et le grand danger de la France, à peine sortie de l'abîme de l'invasion étrangère et de la guerre civile, ne lui vient-il pas des derniers survivants de cette politique sans consistance, qui, debout sur nos ruines, tendent la main, pour nous livrer à lui, au radicalisme le plus effréné ? Le penseur et l'écrivain de premier ordre qui a dévoilé depuis plus de vingt ans ce péril social, est un Lyonnais, notre compatriote, M. A. Blanc de Saint-Bonnet. A la polémique vigoureuse avec laquelle ses devanciers, adossés aux fondements de l'édifice, en avaient défendu et reconquis chaque colonne contre le sophisme révolutionnaire, il a fait succéder le système complet de toutes les vérités sociales en un seul corps, et il a intitulé cette œuvre grandiose d'un mot palpitant d'intérêt, *Restauration française*. Faisons maintenant connaître de plus près l'auteur qui assiste aujourd'hui, par le privilége des hommes de seconde vue, à la réalisation de ses pressentiments, et son ouvrage auquel nos récents malheurs impriment une si douloureuse actualité : ce que nous avons à dire affirmera hautement son droit à clore la liste des grands politiques chrétiens, où nous venons d'insérer son nom.

II

Les écrivains que Dieu a chargé d'annoncer à l'époque présente ses destinées, ont eu dans leur existence quelque chose du solitaire et du voyant. Séparés de leurs contemporains par leur vie, ils l'ont été bien plus encore par leurs idées ; et, au milieu de leur siècle, il nous font l'effet de ces sentinelles placées la nuit sur le bord d'un camp, qui s'isolent de toute rencontre et n'échangent avec les passants qu'un perpétuel : Qui vive! M. de Saint-Bonnet a été, plus encore que ses devanciers, l'homme de sa propre réflexion, parce qu'il a été encore plus constamment l'homme de la solitude.

Quand de l'esplanade qui borde Fourvières, d'où il a

contemplé la cité lyonnaise couchée à ses pieds, le promeneur lyonnais ou le touriste étranger se tourne au couchant, il aperçoit à quelques lieues de distance, une suite de montagnes boisées, derniers sommets granitiques des Cévennes. S'il franchit dans une matinée la plaine ondulée qui l'en sépare, parvenu sur le plateau, la ville aura disparu pour lui sous ses brumes, mais l'immense horizon des Alpes se montrera à ses regards au travers d'une perspective plus nette, parce que l'atmosphère, à cette hauteur, a plus de pureté et de transparence. L'un de ces sommets, couronné de bois dont les avenues ouvrent de magnifiques échappées au coup-d'œil, est dominé par une tour aiguë, sous laquelle s'abritent à côté l'un de l'autre une chapelle et un château. Le sanctuaire remonte aux temps reculés où les druides dédiaient les lieux élevés à leurs divinités. Consacré par les chrétiens au culte de la Vierge attendue par les druides eux-mêmes, il a reçu au VII° siècle les reliques du bienheureux Pontife Bonitus, mort à Lyon dans la sainteté et dans la retraite, et transporté par la piété filiale de ses anciens diocésains dans la ville épiscopale des Arvernes; et c'est de lui que le gothique oratoire a pris son titre définitif. Le vieux manoir est depuis plus de quatre siècles la résidence d'une famille qui se glorifie d'être à la fois la protectrice et la servante du sanctuaire, dont elle partage le nom et la destinée.

Parcourez d'abord ces hautes futaies remplies d'essences choisies; puis venez vous asseoir au *banc des Alpes*, et de là, admirez le paysage : au premier plan,

les déclivités et les plaines de la campagne lyonnaise ;
au centre, la statue miroitante au soleil de Notre-Dame
de Fourvière ; et par delà, les étages superposés des
collines et des montagnes du Dauphiné et leur couron-
nement de cimes neigeuses. Descendez ensuite pour
prier dans la chapelle ouverte à tous les pèlerins et bu-
vez à la source sacrée qui coule à deux pas ; puis allez
frapper à la porte du château.

L'homme qui vient à vous, les deux mains tendues
pour serrer les vôtres, est le représentant actuel de cette
famille hospitalière. Un front chauve avant l'âge, la
barbe longue et blanche des patriarches, le regard doux
et profond, la voix sympathique et demi-voilée, les formes de la plus exquise politesse pénétrée d'un parfum
de charité chrétienne, tout vous inspirera un respectueux
attrait. Si la conversation arrive à dépasser la limite
des sujets personnels ou des tableaux pittoresques, elle
vous transportera, avec le naturel le plus exquis, dans la
région des idées. Quelques instants vous auront con-
vaincu que, si M. de Saint-Bonnet a trouvé dans ces
lieux mêmes l'union du talent et de la vertu sur cette
longue tige d'aïeux profondément chrétiens, d'après une
loi de la Providence qu'il a lui-même définie quelque
part, c'est ici également qu'il a agrandi et mûri ces
perfections héréditaires, dans cette solitude où, comme
ses devanciers, il s'est fait son aire d'aigle.

Né en 1815, Adolphe Blanc de Saint-Bonnet, après
une éducation presque entièrement domestique, toucha
aux écoles de la cité, juste assez pour recevoir la flamme

philosophique du Socrate lyonnais, l'illustre abbé Noirot.
Puis, confiné à vingt ans dans une faculté de droit, avec
tous ses enthousiasmes et toutes ses aspirations vers le
beau et l'infini, il n'imagina rien de mieux, pour se sous-
traire aux aridités du code et de la procédure, que de
leur substituer une étude approfondie de l'homme et de
la société, étude puisée au foyer du cœur, centre reconnu
par lui de la personnalité humaine ; et, quelques années
après, il fit son entrée dans le monde avec trois volumes
qui eurent du retentissement et dont le titre est resté
fameux : *l'Unité spirituelle*, ou *la Société et son but au-
delà du temps*. Le patriarche de l'éclectisme, le célèbre
Cousin, auquel ce livre fut présenté, en admira les tein-
tes chaudes et les féconds aperçus ; à l'affût de tout talent
nouveau, pour l'enrôler dans sa troupe d'élite, et décou-
vrant dans ce jeune philosophe du monde un émule à pro-
poser à ses disciples de l'école normale, il lui fit offrir
sans le tenter une chaire dans une faculté de l'Etat. Le
jeune écrivain avait à replanter les vieilles forêts de ses
pères, à relever leurs domaines, à rebâtir la tour antique
et la chapelle où reposaient leurs cendres ; il rentra dans
sa retraite, et vit sans beaucoup s'émouvoir les critiques
des élèves succéder, dans la *Revue des Deux-Mondes*,
aux avances infructueuses du maître. Pour lui, dans
l'intervalle de ses occupations des champs, il mettait sur
le chevalet une œuvre capitale, qui est le fond de sa
pensée et dont il n'a encore produit que des fragments.
Sous ce titre si court dans son immensité, *la Chute*, elle
comprendra la philosophie de ce fait primordial, ignoré

**

par la vue myope du rationalisme contemporain, et qui pourtant embrasse le monde ; elle peindra l'homme tombé de l'infini par la faute et se relevant à l'infini par la grâce. Quelques pages admirables sur *la Prière* et sur *l'Humilité*, détachées dans les revues locales, laissent entrevoir la richesse de ce monument sur lequel la toile est encore baissée. En attendant qu'il s'achève, de nombreux épisodes en ont interrompu la composition. Le premier est ce délicieux écrit sur *la Douleur*, imprimé pour la première fois en 1846, pensé avec le génie, embrasé par le cœur, qui a consolé tant d'âmes et rapporté à son auteur tant de sympathies. Un mémoire sur *l'Affaiblissement de la Raison*, lu à l'Académie de Lyon, un livre plus considérable sur la *Raison* elle-même, inséré dans les colonnes du journal *le Monde* ont prouvé hautement que, dans les élans de son lyrisme métaphysique, M. de Saint-Bonnet garde la plus grande netteté d'idées, et que l'infini auquel il a voué sa plume n'est point la conception vague des poètes ni l'indéfini malencontreusement confondu avec lui par les géomètres. Un autre travail publié *in extenso* par *l'Univers* et depuis livré à la presse, avec la haute approbation de la Sacrée Congrégation de l'Index, *l'Infaillibilité*, donnait la théorie et la science du dogme, dix ans avant le concile qui l'a défini. Nommons enfin celui de ces ouvrages de circonstance qui revient aujourd'hui à la lumière, après avoir fait explosion au milieu du cataclysme de 1848, *la Restauration française*. La carrière de M. de Saint-Bonnet, à peine arrivée au-delà de l'âge mûr, est donc déjà pleine, et sa moisson d'œuvres grandes et utiles, largement entassée. On sera surpris de l'étendue de ses travaux, si l'on songe que le caractère de tous ses écrits, vaste synthèse de philosophie catholique, est une profonde originalité; que l'auteur, au lieu d'emprunter ses développements à la facile complaisance de l'érudition, les crée de toutes pièces; que s'il a lu et entendu ce qui se dit et ce qui se publie chaque année, en prêtant l'oreille aux portes de notre XIXe siècle, il a bien vite oublié, en rentrant dans sa retraite, nos pauvretés contemporaines, pour s'ouvrir sur les mêmes sujets des profondeurs qui sont à lui et s'élever à des hauteurs inexplorées.

Par cette richesse de pensées, l'auteur occupe un rang distingué au milieu des écrivains de son école. Si j'avais maintenant à comparer ces grands esprits au point de vue du style, je dirais d'abord qu'ils sont loin d'avoir négligé cette partie de l'œuvre littéraire et philosophique, quoiqu'elle paraisse la moindre ici en raison de l'importance des choses; et j'ajouterais que la nature propre de leur intelligence a constitué la diversité de leur langage et de leur talent. Le plus Français des étrangers, si l'on peut donner ce nom au pays qui, après avoir fait ce présent à notre littérature, est redevenu lui-même Français, M. de Maistre a fait l'usage le plus spirituel et le plus incisif de la langue du XVIIIe siècle, la langue de Voltaire et de Montesquieu. On a dit de M. de Bonald qu'il a défendu l'esprit et l'âme contre les sensualistes de son temps, par les armes les plus puissantes qu'on eût encore trouvées : pour atteindre le sophisme, cet écrivain habile creuse dans la vérité plus qu'il ne s'élève, et sa phrase, artistement découpée pour s'adapter à la pensée, a plus de clarté que d'éclat ou de coloris. Lamennais, au contraire, l'impétueux et rétif Breton, ne peut contenir la flamme qui jaillit, à tous les pas, de sa puissante argumentation, comme d'une mine souterraine. Donoso Cortès a trouvé dans sa langue nationale l'ampleur et la sonorité qui manquent à la nôtre, et il y joint cette concision brusque et vigoureuse du génie qui atteint l'essence en toute chose et qui la peint d'un seul trait. Contemporain de la littérature renouvelée et surabondante de ce dernier demi-siècle, M. de Saint-Bonnet est moins châtié dans l'expression, mais plus poétique et plus animé que ses devanciers. Sa phrase se raccourcit pour mieux embrasser et rendre une image. La pensée chez lui sort toute bouillonnante de la fournaise ; il en jaillit d'abord des traits enflammés, sous forme d'étincelles, et puis elle rayonne avec sérénité. S'il est parfaitement désintéressé des formes convenues de la rhétorique, il n'attache que plus de prix à ce qui mettra en relief l'idée dans tous ses éléments. Il prend les choses d'abord par leur côté élevé, providentiel, divin, et il les poursuit jusque dans leurs applications et dans leurs racines, réunissant ainsi, par son lyrisme de poète et par son analyse de philosophe, les deux qualités extrêmes du talent. Pas plus que Pascal, pas plus que Montesquieu, il n'est d'une lecture courante au vulgaire ; mais les mâles esprits se font un charme de saisir corps à corps un lutteur pareil, puissant, imprévu, concis et subtil, large

et fort tout à la fois. On pourrait lui reprocher de multi-
plier et de heurter des couleurs trop vives, de faire mi-
roiter de trop près des pensées aiguisées comme un
glaive, ou, comme le disait de Pindare un poète de ses
rivaux, de jeter à profusion sa corbeille de fleurs. Ce
reproche que Pindare eût avoué sans doute, ne touche-
rait guère le philosophe qui a su transformer les idées
de Platon en êtres vivants, en leur donnant un corps et
une âme, un cœur et des ailes ; il n'a point à craindre,
on le voit assez, d'épuiser sa corbeille : elle se remplit
avec la même fécondité qu'elle se répand.

En traçant ce portrait, une réflexion me saisit. De
hautes qualités ont été départies par la Providence à
ceux qu'elle a choisis pour être les hérauts de la vérité
dans nos âges de dissolution. Mais, hélas ! leurs voix
crient dans le désert ; ce qu'ils ont recueilli avant tout,
avec l'admiration de quelques-uns, c'est l'impopularité
bien plus générale. Pendant combien d'années M. de
Maistre n'a-t-il été, pour nos petits sophistes, que le pein-
tre du bourreau, et M. de Bonald, que le président d'un
comité de censure ? Et que d'événements n'a-t-il pas fallu
pour leur faire rendre justice, même dans leur propre parti,
auprès des catholiques et des légitimistes libéraux, si
disposés à faire plier les principes devant les expédients, et
à mettre le vrai aux genoux de l'habileté ? Je ne voudrais
pas assurer que M. de Saint-Bonnet n'a pas été jugé par
quelques contemporains, par quelques-uns de ses com-
patriotes surtout, un penseur mystique et un rêveur.
Les hommes et les partis sont tels soutenir la vérité

pure, abandonner pour elle une erreur préjudiciable, allons donc! Si elle est à la mode, c'est à qui la déguisera sous des noms fastueux. Qu'y a-t-il de plus facile que de reléguer dans l'isolement l'homme courageux qui la démasque? Mais aussi, hâtons-nous de le dire, si les hommes sont coupables de ces lâchetés, Dieu en les permettant atteint les fins que se propose sa sagesse. Il confond les siècles pervers et dégradés comme le nôtre en leur faisant coudoyer le talent porteur de la vérité; et, d'autre part, il met l'homme qu'il a jugé digne de cette haute mission, en demeure d'offrir au monde la preuve convaincante de sa sincérité et la valeur de son caractère, par le sacrifice qu'il fait de l'idole populaire à la lumière qu'il tient entre ses mains. Le grand homme, l'homme religieux et saint, car ceux dont je parle n'aspirent pas à moins, s'est montré digne de lui-même, digne de sa mission, digne de Dieu : quelle magnifique destinée!

III.

Il me reste à passer de l'auteur à son ouvrage. Inspiré par les événements de 1848, mais dévoilant la désorganisation sociale qui, depuis cette époque jusqu'à nos jours, n'a fait que se développer, le livre de *la Restauration française* remonte aux sources les plus élevées de l'ordre dans l'humanité troublée et déchue, et abou-

tit avec la même facilité à la pratique la moins nua-
geuse. Platon écrivant sa politique, et ne possédant pas
le lien de l'idéal et du réel, en était réduit à dédoubler
son ouvrage comme sa philosophie. Dans *la République*,
il livrait la bride à toutes les chimères et à toutes les
divagations de l'idéalisme païen; dans *les Lois*, il ra-
lentissait le vol de son esprit, et par l'expérience du
possible, corrigeait les extravagances de l'imaginaire.
Doué du critérium chrétien, c'est-à-dire de la révélation sur les origines et sur la fin de l'homme et de la
société, qui manquait au philosophe de Sunium, M. de
Saint-Bonnet descend très-sûrement des sommets de la
spéculation au détail le plus circonstancié. La lumière
des vrais principes lui donne sur le présent et sur l'avenir des vues d'une netteté extraordinaire; elle lui fait,
par un procédé logique, déterminer les phases de la dé-
cadence sociale et les lois du retour au bien, et il les ex-
prime de manière à communiquer à son lecteur je ne
sais quel soubresaut électrique. C'est ainsi qu'à la suite
d'un parallèle entre le rôle du peuple juif dans l'ancien
monde et celui du peuple français dans le nouveau, on
lit, à la tête d'un chapitre, ce mot stupéfiant, à vingt
ans de distance : *Où l'on prend le chemin de la capti-
vité*. On n'est pas moins frappé, quand on l'entend, à la
fin de son livre, saluer, avec une assurance qui con-
traste avec sa modestie habituelle, le Restaurateur de la
société française et lui tenir ce langage : « Pour vous,
Roi désiré, laissez agir la Providence; mais quand son
heure sera venue, rendez-vous maître de toutes les
sources de la Révolution. »

La *Restauration française* n'est cependant pas, comme on pourrait en juger par le titre, le simple appel, par les événements ou par les hommes, du souverain légitime au trône vacant après avoir été usurpé; elle est avant tout la restauration de la société française pour la rendre digne de ce dénouement. Ce que la France doit rejeter tout d'abord de son sein, c'est l'esprit de la révolution, et comme la révolution est en principe irréligieuse, « la Restauration doit commencer par le retour à la Foi. » Partant de là, on conçoit qu'il règne dans tout le livre un souffle chrétien si chaud et si vivifiant, que le Christianisme seul, on peut le dire, y résout tous les problèmes sociaux.

La France, suivant M. de Saint-Bonnet, est violemment divisée en elle-même et séparée de son chef par trois causes qui n'en font qu'une : la révolution sociale qui menace la fortune privée et publique, la révolution libérale qui met en danger l'ordre politique, et la révolution démocratique qui effondre l'une sur l'autre toutes les classes de la nation, au lieu de travailler à les relever de la base au sommet. La religion seule a le pouvoir de neutraliser chacun de ces principes subversifs.

Envisageant d'abord le capital dans sa création, pour le défendre contre le socialisme, M. de Saint-Bonnet le définit : « un produit épargné et employé. » Ainsi entre les mains d'un homme et plus encore d'une race, d'une nation, le capital suppose à sa source des vertus naturelles et même chrétiennes d'un grand prix, le travail et le retranchement sur sa consommation. C'est la

Providence qui appelle l'homme au développement de lui-même, c'est-à-dire à la vertu, par la loi de l'effort constant et continu que la terre réclame de ses bras et de son industrie. Le sol, « réservoir du capital, » n'est point tout entier un don du Créateur ; car à la première avance des forêts primitives il faut que l'activité intelligente de l'homme joigne l'engrais, l'aménagement et la culture. Chaque race et chaque religion sur la terre fait le sol à son image. L'indolence des peuples orientaux, puisée dans le fatalisme, n'a laissé que le sable et le rocher, là où la nature, secondée par la foi au Rédempteur, avait produit, pendant quatre mille ans, la végétation la plus délicieuse et la plus spontanée. Le code désastreux de notre génération française, appliqué par des mains cupides et hâtives, c'est-à-dire par une race où la foi s'éteint, morcelle à l'infini un sol riche et fertile, le dépouille de ses forêts, y détruit les pâturages, et par là d'un côté élève à des prix excessifs l'alimentation substantielle, devenue nécessaire aux masses pour soutenir les travaux exagérés de l'industrie, et, de l'autre, livre des contrées immenses aux débordements des rivières. Si des lois agricoles sagement conçues ne remédient à cet état de choses, la petite propriété, rongée de plus en plus par l'usure, ira se perdre dans la banqueroute, avec la population qui la cultive.

A ce capital de la terre, véritable richesse d'un peuple, opposez le capital de l'industrie plus qu'à moitié fictif et qu'une étrange erreur de calcul nous fait compter tout entier à l'actif de notre inventaire, vous avez là, en face de la production vitale, la stérilité et la ruine. Le développement excessif de notre industrie, surtout de l'industrie de luxe, but avoué de nos hommes d'Etat, n'est-il pas le gouffre où vient s'engloutir l'économie du passé, avec l'espérance de l'avenir? « En France, dit quelque part M. de Saint-Bonnet, le capital inouï consacré chaque année à produire voitures, chevaux et meubles de luxe, soiéries, dentelles, bijoux, boissons coûteuses ou enivrantes, aurait pu d'autant abriter des hommes contre la faim, le froid, et fournir des instruments utiles, s'il fût allé dans le gain des producteurs fixés au sol. Depuis que la religion s'est affaiblie, le milliard entier peut-être que le peuple dépense chaque année en boissons hors du besoin et en chômage des premiers jours de la semaine, l'aurait d'autant pourvu dans ses véritables besoins, et mis à même de faire autour de lui du capital. » .... « Le luxe, poursuit-il, c'est toute consommation, tout emploi de capital fait en dehors des besoins de nécessité ou d'éducation. Celui qui absorbe après son besoin, qui ajoute l'inutile à son vêtement, ou à sa mollesse un objet dont l'homme modeste sait se passer, commet une consommation improductive, détruit un capital. Le seul qui se conforme à la loi sociale est le chrétien, le meilleur agent de l'ordre économique. Il y a un moyen de transformer tout de suite le capital de luxe en capital agricole : c'est la vertu. »

Admirable théorie, qui ne se contente pas d'expliquer et de sanctionner le fait de la richesse dans les mains qui l'ont légitimement acquise, mais qui ouvre encore à ceux qui sont pour le moment déshérités de sa possession, l'espérance et le moyen d'y parvenir à leur tour !

Le problème du capital avait passé en 1848 des rêveries mystiques de Saint-Simon aux utopies socialistes de Cabet et des autres ; avec la devise de Proudhon : « la propriété c'est le vol, » il ensanglanta Paris pendant les journées de juin. Mais depuis vingt ans il a fait un tout autre chemin ; ce ne sont plus aujourd'hui les livres, les sectes, même les batailles d'un jour ; c'est l'association internationale des travailleurs, armée, disciplinée et prête à monter à l'assaut du trésor public et de la banque commerciale ; c'est la Commune organisée à Paris, formant un gouvernement contre la France, soutenant le siége contre la mère-patrie, détruisant et incendiant les Tuileries et le Louvre, et égorgeant des hommes inoffensifs, ou revêtus du sacerdoce. Voilà où est le danger. Jamais donc il ne fut plus nécessaire de démontrer que la clef de l'énigme redoutable du capital est entre les mains du Christianisme.

L'ordre social n'est pas un moindre problème, aujourd'hui comme alors, que l'ordre économique ; c'est un sujet tout aussi fécond en discussions et en luttes sanglantes. D'un côté la religion suppose la chute originelle, proclame l'homme déchu, et lui assigne, pour le relever, la tutelle de l'autorité et la répression de la loi ; de l'autre, le socialisme prend pour point de départ, suivant le mot original et profond de M. de Saint-Bonnet, l'immaculée conception de l'homme, l'affranchit de tout

pouvoir et l'investit indistinctement de la souveraineté ;
entre les deux la bourgeoisie sceptique essaie ce qu'elle
nomme un juste milieu, c'est-à-dire qu'elle nie les principes chrétiens et les conséquences socialistes. Singu-
lière contradiction ! Si l'on repousse la chute primitive
et l'autorité de droit divin qui en est la réparation dans
la politique, comment ne pas admettre le droit de chacun à s'insurger contre la souveraineté de tous ? Mais il
a beau s'en défendre, le libéralisme bourgeois ne saurait empêcher la logique des faits de conclure. Indifférence et rationalisme dans l'éducation, licence dans la
presse, paganisme dans les mœurs, industrialisme excessif avec son cortége obligé de paupérisme, institutions sans base et sans portée, menacées de toutes parts
par l'indépendance universelle : voilà le tableau affaibli
de la société officielle. Comment pourrait-elle s'y prendre pour condamner, pour exclure, ou même simplement
pour refréner le socialisme ? elle a oublié la seule chose
nécessaire dans le mécanisme politique : la liberté ne
saurait se maintenir sans contrepoids. En fondant la
conscience sur la foi, le Christianisme a trouvé le seul
secret de rendre la liberté possible : l'autorité surnatu-
relle dispense de la compression matérielle et brutale.
Ou conscience, ou tyrannie : l'une de ces deux forces est
nécessairement en raison inverse de l'autre. Je ne fais
qu'indiquer ici quelques-unes des idées de M. de Saint-
Bonnet. Les citations abonderaient sous ma plume, in-
téressantes et curieuses ; je dois exprimer mon regret des
limites qui restreignent mon désir de les glaner. Une

étude sur une des institutions modernes, malheureux
compromis avec les errements socialistes, je veux dire,
sur l'assistance publique, mérite toute l'attention du
lecteur. Ce mot et cette chose, contrefaçon maladroite
de la charité catholique, sont admirablement scrutés,
démasqués et jugés par le philosophe chrétien.

La révolution démocratique, troisième fléau associé
aux deux précédents, a jeté entre les classes de la même
nation, non plus l'émulation du bien qui tend à élever
l'inférieure, par des degrés légitimes, au niveau des plus
distinguées, mais l'envie, fille de Satan, qui rabaisse les
plus nobles au niveau des dernières, et les fait tomber
toutes dans la dégradation sociale. Le mérite et la con-
sécration véritable d'une aristocratie, c'est qu'elle donne
au pays les citoyens les meilleurs et les plus vertueux,
les plus rapprochés par la noblesse des sentiments, par
le dévouement de la vie, par la bienfaisance des œuvres,
de la seule distinction qui doive subsister éternellement
parmi les hommes, celle de la sainteté. C'est à ce critérium supérieur et surnaturel que M. de Saint-Bonnet
rappelle l'antique noblesse qui abdiqua dans la nuit du
4 août 1789, et la nouvelle bourgeoisie qui s'est mêlée
avec elle et qui tend à la remplacer dans le gouvernement de l'Etat et dans la considération publique. A quelle
condition l'une de ces classes pourra-t-elle atteindre,
l'autre se maintenir au degré de la véritable grandeur ?
La noblesse séculaire de la France devait aux champs
de bataille son premier baptême de gloire ; elle retrem-
pait toujours son illustration à sa source, tout en lui

donnant pour relief les services rendus au pays dans toutes les carrières honorables. A défaut d'aïeux, la bourgeoisie d'aujourd'hui a aussi son sang dans ses veines; et si les lauriers militaires lui semblent d'un trop difficile accès, il lui reste une sorte de conquête pacifique, c'est de mettre, non son épée, mais sa fortune, son talent, son temps tout au moins, au service public par la vertu, le zèle, le désintéressement. Si elle ne veut posséder que pour jouir, elle se corrompra et s'anéantira de ses propres mains. Qu'elle fasse de sa richesse, par sa libéralité, le bien commun des classes déshéritées, elle n'aura point à se chercher d'autre blason que l'amour populaire. Mais cela n'est possible que par l'abnégation et le dévouement, et que devient la racine de ces vertus, quand le Christianisme est arraché du fond des âmes? La bourgeoisie contemporaine doit donc rapprocher ses mœurs et ses croyances de l'Evangile, sous peine de se ravaler au-dessous du simple peuple resté chrétien. M. de Saint-Bonnet reproche à la bourgeoisie d'avoir méconnu sa mission jusqu'à repousser d'elle la main et le concours du clergé... Le clergé, la classe la plus éclairée, la sauvegarde de la liberté, la seule véritable école de l'économie sociale, en un mot, la classe génératrice de la vertu, de la richesse et de toute grande race dans la société ! L'auteur ne craint pas de donner ici au clergé lui-même des conseils inspirés par la vénération due à son caractère sacré et par une profonde intelligence de son rôle dans le monde moderne. Nous les avons lus avec intérêt, et nous les saluons de notre assentiment.

Ils se résument, et la chose n'est pas surprenante, dans ce mot de l'Evangile, le premier et le dernier de la politique sacerdotale : « Vous êtes le sel de la terre et la lumière du monde, à la condition que ce sel ne sera pas affadi et foulé aux pieds, et que vous ne tiendrez pas cette lumière sous le boisseau. » A son tour, le peuple chrétien est loin d'occuper une place de dédain dans la *Restauration française* : on lui montre là les classes supérieures, non comme un paradis de bonheur qui lui est à jamais fermé, mais bien au contraire comme un modèle à suivre dans son ascension vers la vertu, et, s'il la pratique, vers le bien-être qui lui sera donné par surcroît. Toutes les classes sociales, et la dernière plus que les autres, n'ont qu'un ennemi, c'est la Révolution; elles n'ont qu'un allié naturel et commun à toutes, c'est la Religion. On demande quand finira la Révolution; répondez : quand la Religion aura repris l'empire des âmes, mais l'empire complet. A l'erreur d'aujourd'hui, sans limites, il faut opposer la vérité sans restriction. Au libéralisme sans frein, au socialisme croissant qui est la négation absolue, le dissolvant souverain, il faut répondre par le Christianisme intégral.

Ici nous touchons à des chapitres qui sont le terme et l'aboutissant du livre, plutôt que son objet direct : Légitimité, Royauté, Droit divin, Infaillibilité ; chacune de ces grandes lois sociales apparaît au sein d'une doctrine concise et lumineuse ; le besoin de solution est satisfait, s'il n'est pas épuisé ; car ces chapitres sont le germe d'un livre tout entier. Un autre ouvrage de la même main nous est annoncé comme le développement de ces rapides indications. On le comprend, la *Restauration française* ne peut être achevée qu'autant qu'elle ramènera la *Légitimité* au sommet de l'édifice national, comme à sa base.

Il suffit de ces considérations pour éveiller l'attention du public. Dans les événements actuels, le livre que je viens d'analyser a droit au même éclat qui accueillit sa première apparition. La génération présente a besoin de s'instruire à meilleure école que celle qui l'a précédée. Puisse-t-elle mieux lire, mieux comprendre et mieux agir ! « Dieu a fait les nations guérissables, dit la sainte « Écriture ; mais, ajoute-t-elle, la terre est désolée, parce « que personne ne réfléchit dans son cœur. »

L'Abbé D. Em. LUQUET.

LYON. — IMPRIMERIE DE FÉLIX GIRARD.